경남대표시인선
59

남강 물빛 속에는

김정희 진주예찬 시조선집

돌판 경남

김정희

Kim Jeonghui

홍단풍

타고난 더운 피를
피 뱉듯 받아들고

온 세상 푸르름에
징을 울리는 반란

광대야
서러운 탈춤
열 두마당 풍악소리.

| 시인의 말 |

아름다운 남강의 강변에서 진주의 며느리가 되어 산 지도 일흔 해가 넘었습니다. 해 저문 언덕에서 지나온 삶을 되돌아보며 은총의 세월 속에 진주를 예찬禮讚한 노래를 모아보았습니다.

아이들을 외국에 유학을 보내면서 미국과 프랑스를 다녀 본 적이 있었습니다. 유럽에 가서 세계적으로 풍광이 아름답다는 곳을 보면서 비로소 우리 고장의 아름다움에 긍지를 느꼈습니다.

스위스의 유명한 레만 호수는 눈 덮인 먼 산의 설경만이 아름다웠고 우리 고장의 진양호보다 못하다는 느낌을 받았으며 파리의 센강도 사람이 만든 조각품 장식만 아름다울 뿐 자연의 순수한 아름다움은 남강보다 못하다는 생각을 했습니다.

　어떠한 명소보다 아름답고 유려流麗한 남강의 강둑에서 살아온 은총恩寵에 감격하면서 지은 노래를 모아 보았습니다. 이 한 권의 시조집에는 우리의 전승傳承문학인 시조를 사랑하며 오십 년간을 살아온 삶의 궤적도 엿볼 수 있습니다.

　산자수명山紫水明한 진주의 지령地靈과 진주를 사랑하는 모든 인연 깊은 분들에게 감사의 큰절을 올리는 심정으로 이 한 권의 책을 바칩니다.

| 축시 |

겨울 남강

김복근
1985년 《시조문학》 천료. 시조집 《새들의 생존법칙》《비포리 매화》, 산문집 《별나게 부는 바람》, 번역집 《묵묵옹집》 등. 2015 세종도서 문학나눔, 2019 아르코 문학나눔 선정. 《문학인신문》 논설위원

젊은 날 한때 나의 핏줄은 투명하여
세상 모든 것을 담아낼 수 있었다
물무늬 숨 가쁜 삶을 걸러낼 수 있었다

수직으로 이는 파문 속보인 내 가슴엔
고갯마루 넘어가는 저녁 해 머문 자리
달리다 지친 세월이 별무리로 뜨려는가

고향 강, 너 없으면 나는 겨울이다
그리움 깊이만큼 그림자 길게 내려
언젠가 돌아가야 할 내 마음이 흐르고 있다

차례

시인의 말　　　　　　　4
축시　　　　　　　　　6

제1부 진주 예찬

진주성　　　　　　　　　　　14
쌍가락지 낀 강물　　　　　　15
백의관음白衣觀音과 의암義巖　　16
뒤벼리 소고小考　　　　　　　17
새벼리　　　　　　　　　　　18
새벼리의 봄　　　　　　　　　19
망진산 봉수대　　　　　　　　20
봄, 꽃자리　　　　　　　　　　21
월아산 해돋이　　　　　　　　22
진양호, 낙일落日 앞에서　　　　23
촉석루 바라보면　　　　　　　24
의기사義妓祠 백일홍　　　　　　26
의암義巖의 말씀　　　　　　　　28
논개의 강　　　　　　　　　　29
그 자리 그대로 있는 것　　　　30

제2부 비봉산의 아침

저 별은	32
남명南冥의 하늘	33
비봉산 정자나무	35
새벽 물소리	36
그 문 앞	38
저울론論	39
응석사凝石寺 계곡	40
지리산, 종을 울리다	41
의신동천義信洞天, 말을 잃다	42
청수헌聽水軒	43
타오르는 혼불	44
학鶴처럼 사신 님	46
우주의 노래	48
한글은 누리 글	49

제3부 진주의 노래
―노래가 된 김정희의 시조

진주 시민의 노래	52
강주 연못·1	53

9

강주 연못·2	54
꽃샘바람	56
남강 물빛 속에는	58
도라지꽃	60
방하착放下著	61
상사화	62
꿈꾸는 금호琴湖	63
가꼬실(佳谷室)	64
가을 성자聖者	65
천년 울음	66
새소리	67

제4부 사랑하는 꽃을 위하여

근황近況	70
산길, 도라지꽃	72
백목련	73
산다화山茶花	74
나사이꽃	75
서리꽃	76
민들레 초상肖像	77

저 달개비꽃	78
맨드라미, 불 지르다	79
등藤꽃	80
난蘭꽃 피던 날	81
구절초	82
패랭이꽃	83
얼레지꽃	84
백련白蓮	85
청화백자青華白磁	86
은행잎 지던 날에	87
그 겨울 얼음새꽃	88
동백 별사別辭	89

제5부 시절 노래

아버지	92
봄 · 아지랑이	93
구름 운필運筆	94
난기류亂氣流	95
망월동 백일홍	96
물 위에 뜬 판화版畫	97

박물관 고	98
쌀, 쌀, 쌀	100
세한도歲寒圖 속에는	102
침선針線	103
에밀레종	104
무심無心을 위하여	105
등대, 길을 밝히다	106
무심차無心茶, 향에 젖어	108

평설

중후한 목소리 다지는 김정희와 시조문학관

강희근 시인 · 경상대 명예교수	110
연보	122

제 1 부

진주 예찬

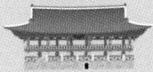

진주성
—제1경 진주성 촉석루

그날 나부꼈던 깃발은 구름 결에 사라지고

그날 낭자한 핏방울은 순의단殉義壇에 고여 있다

그날을 못 잊는 나그네 구름처럼 모여든다.

쌍가락지 낀 강물
―제2경 남강南江 의암義岩

진주교 은빛 난간은
쌍가락지 홍살문

매운꽃*
아린 뜻을
강물이 먼저 알고

남강은
쌍가락지 끼고
열 손가락 펴 보인다.

*논개를 상징함.

백의관음白衣觀音과 의암義巖

나의
꿈길을 밟고
연꽃으로 오신 관음觀音

옷깃에
대(竹)바람 날리며
만월滿月로 서 계시옵더니

홀연히
꿈을 깬 그 자리
남강에 의암이 보였다.

뒤벼리 소고小考
―제3경 뒤벼리

그대는 산으로 와서
뗏목 흘려보내고

흰 구름 가는 길을
바라보는 저 언덕

늘 푸른 단청丹靑 올리며
금강의 성을 쌓았다.

참으로 오랜 슬픔
깎아지른 벼랑 아래

산 그리메 더불어
선정禪定에 든 나날들

밤이면 먹장삼 벗어
강물 위에 띄웠다.

새벼리
―제4경 새벼리

천 리 길
오신 님을
돌문 열고 기다리는 날

보내고
그리던 정
버선발로 마중 나와

발아래
꽃을 뿌리고
꿈길 열어 드리리.

*그 옛날 새벼리는 진주로 들어오는 첫 관문이었다.

새벼리의 봄

그 약속 잊지 않고 돌아온 화공畫工들이
채색을 하느라고 붓놀림이 바쁘다
밤사이 그린 수채화 꽃대궐이 열두 채

그 약속 지키느라 돌아온 악사樂士들도
이쪽저쪽 숲속에서 고운 목청 견준다
문학관* 능수 벚꽃도 들썩이는 어깨춤.

*한국시조문학관.

망진산 봉수대
―제5경 망진산 봉수대

별빛을 등에 지고 파발마擺發馬가 당도한 자리

밤도와 전할 소식 횃불 올려보낸 뒤

가슴속 뜨거운 불꽃
깊이 묻어 두었다.

봄, 꽃자리
―제6경 비봉산의 봄

복사꽃 휘날려 놓고
또 어쩌라는 것이냐

이승 밝은 빛 둘레는
남가일몽南柯一夢 꿈 한 자락

봉황이
돌아올 날을
기약 없이 기다리는…

월아산 해돋이
—제7경 월아산 해돋이

봉긋한 젖가슴에
갓 태어난 아기 품고

젖 물리는 두 봉우리
행복에 겨운 눈빛

때마침
출생신고를 하고
온 세상 다 얻었네.

진양호, 낙일落日 앞에서
—제8경 진양호 노을

차마
눈감을 수 없는
마지막 순간 두고

한 사람
지우지 못해
자지러지는 붉은 상처

유서를
다시 고쳐 쓰고
목멘 시詩를 바치노니…

촉석루 바라보면

깎아지른 돌벼랑에 향을 놓는 한 떨기 꽃
쪽빛 강물 위에 물그림자 비칠 때

이 겨레
의로운 넋이
파르르 떨고 있다.

왜바람 소용돌며 머물다 간 빈 다락
매운 향에 이끌리어 의암義巖을 굽어보면

아직도
물속에 있는
논개의 붉은 댕기.

그 이름 불러보면 아우성 소리 들리고
그 이름 불러보면 선지피 번져오며

새날은
여명을 지키며
단청丹靑은 꽃잎 연다.

의기사義妓祠 백일홍

오뉴월 서리 맺는
여인의 매운 한을

밤마다 울어 예는
풀린 머리 삼단 같이

백날을
소지燒紙 올리던
불꽃, 꽃불이 번진다.

그 불씨 하나로
벼랑을 물들이고

천지간 붉은빛은
구천에 이르렀다

하늘도
받드는 충절
고개 숙여 보시네

의암義巖*의 말씀

바위가 바스라져 모래알 될 때까지
강물이 잦아져서 바다 내밀 때까지
구천에 사무친 노래, 초음파로 발송한다.

한순간 불꽃으로 타오르던 횃불이어도
흐르는 강물 위에 높이 뜬 붙박이별
북극성 길을 밝힌다, 겨레 가슴 나침반으로.

지울 길 없는 문신紋身을 씻고 또 씻으며
물가에 꿇어앉아 무언경無言經 읊는 당신
무시로 꽃을 뿌리는 하얀 손길도 보인다.

진주교 지날 적마다 절로 가는 눈인사에
빚지고 사는 맛을 채근하는 저 물음표
계사년癸巳年** 먹구름 뚫고 감탄사感歎詞로 늘 오신다.

*나라에서 논개에게 내린 시호諡號.
**논개가 순국한 해.

논개의 강

쌍가락지 낀 강물이 눈을 뜬 신새벽
상기도 뜨거운 숨결 물안개 핀 언저리에
홀연히 나타난 비천飛天
새벼리* 쪽으로 승천했다.

가끔, 꿈길에서 먼 하늘을 그리워하며
강물에 젖은 옷자락 얼비친 모습으로
의암에 정좌定座하시며
남강 물에 사시는…

*새벼리: 남강 하류에 있는 벼랑.

그 자리 그대로 있는 것

밤마다 별이 내려와
잠자는 진주 남강은
새벽이면 그 별 풀어놓고 멀리 떠나보내지만
낮에도 초롱한 눈빛 그 자리 그대로 있고.

대숲에 서려 있는
남명*의 매운 말씀
잊지 마라, 잊지 마라, 옛일을 되새기나니
숨겨둔 대쪽 같은 말씀 그 자리 그대로 있고.

고운 여인, 장수며 병사들
그 혼령을 모셔 와
해마다 유등流燈 띄워 올리는 불꽃 제향祭享
혼불을 비추는 거울 그 자리 그대로 있고.

*남명 조식 선생님.

제 2 부

비봉산의 아침

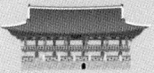

저 별은

신 신고
흙을 밟으며
떠난 이는 돌아오지만

신 벗고
꽃가마 타고
하늘 길 나선 사람

밤마다
길 밝히느라고
내려오지 못한다.

남명南冥의 하늘

두류산 정기 서린 더 높은 하늘 언저리
하늘 기둥 높이 세워 천석종* 매달아 놓고
선비가 사는 도리를
온 누리에 울리신 님.

양단수 흐르는 물에 꽃잎 띄워 보내며*
경敬과 의義 두 글자는 천추에 전하시고
사람이 사는 이치를
하늘 아래 천명했다.

삼동에 베옷 입고 볕 뉘랄 쬔 적 없건만**
오지랖 성성자惺惺子***로 뼈를 깎던 스승의 길
천둥에 흔들리지 않는
청대 숲을 길렀다.

목숨을 길러주는 따스한 햇살처럼
밤하늘 어두운 길목 밝혀 주는 달빛처럼
빛무리 고인 그대 하늘
누리 동쪽 밝혔다.

*남명 선생의 시구절詩句節에서 인용.
**남명의 시조 구절, 임금님의 은총을 입지 않았음을 상징.
***남명이 오지랖에 매달아 자신을 성찰한 방울.

비봉산 정자나무

비봉산을 지키는 저 늙은 터줏대감
허리에 아기 밴 듯 옹이 박힌 배 내밀고
발등에 떨어진 불을 피할 수가 있을까.

어쩔거나, 그슬린 옷자락 데인 살갗을
오존층 구멍 난 하늘은 가릴 손도 없고
머리 위 헐벗은 해는 불화살을 당기는데

임진壬辰년 검은 불길 발돋음해 보았으며
갓거리에 모인 농투성이 죽창 잡던 그날
인내천人乃天, 뜨거운 함성에 소스라친 그날도…

휘드린 긴 팔목을 뿌리께로 손짓하며
몸으로 말을 해도 들어줄 이 없는지
바람에 귀 빌려달라고 입을 모으고 있다.

새벽 물소리
―형평 운동가 강상호 선생*

동트는 새벽 물소리 새벼리** 가면 들린다
칠흑 같은 어둠 헤치며 월아산 해 떠오르듯
생명의 존엄을 밝혀
무명無明 깨친 목소리.

얼붙은 얼음장에 봄 햇살이 닿았어라
'일어나라, 일어나라, 새날이 밝아 온다'
샛바람, 벼랑을 감돌며
새 역사를 세우려는데…

'사람 위에 사람 없고 사람 아래 사람 없다'
천석꾼 다 흩고서 빈 몸으로 남긴 말씀
의암***을 감도는 물처럼
수평水平을 염원했다.

대물림 칼잡이가 패랭이 쓰던 1923년
형평 저울 높이 들고 만인 평등 부르짖던 님
갓 쓴 이, 패랭이 쓴 이는
한 무게라 외쳤다.

* 전국에서 제일 먼저 진주에서 일어난 인권운동인 형평衡平운동을
  주도.
** 새벼리에 잠들어 계심.
*** 논개가 순국한 바위.

그 문 앞

남강 변 칠암들에
보무步武도 당당한 입상立像

남과 여, 두 어깨 펴고
평등의 문 앞에 섰다

해와 달, 고루 비추는
우주의 섭리 앞에

비바람 회오리친 날
두렵지도 않은 듯

고개 들고 일어선
쑥대머리 들풀처럼

저 언덕 바라보면서
새날을 노래하리.

저울론論

갓 쓴 이와 패랭이 쓴 이, 몸무게는 같아도
무슨 죄 대물림인지 정해진 몸 값어치
귀천貴賤에 기울어진 눈금 허방을 오르내렸다.

추錘 하나 더 얹어 놓고 다시 보는 눈뜸이여
사람 위에 사람 없고 사람 아래 사람 없어
하늘이 내려주신 목숨, 귀하도다 영혼의 집.

인내천人乃天 새날 열어 누리 밝아 좋은 날
잣대에 눈금 새겨 바르고 거짓 없는
남강 가 푸른 대숲처럼 어깨 맞대고 살 일이다.

천구백 이십삼 년 경상도 진주 땅에
존엄한 목숨값을 바른 눈금 세운 사람들
주춧돌 바르게 놓고 형평저울 추錘를 얹었다.

응석사凝石寺 계곡

법당에
부처님이
염화시중拈花示衆 하시면

계곡물이 엿듣고
도란도란 거리고

그 사이
나타난 버들치
경經을 쓰는 붓놀림.

지리산, 종*을 울리다

하늘을 떠받치는 저 푸른 돌기둥은
구름 위 높이 솟아 천상천하 살피는 망루望樓
천석종* 거룩한 혼의 집을
주춧돌로 삼았다.

갓 쓰고 도포 입은 늠름한 앉음새여
명상瞑想에서 깨어나 가끔씩 종 울린다
역사歷史에 흩어진 꽃잎
품에 안고 달래듯.

*남명의 시구詩句 "諫看天石鐘 非大無聲 爭以頭流山 天鳴猶不鳴"(보아라 보아라 소리 없는 두류산은 하늘이 울어도 울지 않는다)에서 따옴.

의신동천義信洞天, 말을 잃다
—지리산 역사기념관에서

흰 수염 나부끼던 신선神仙은 하늘로 가고
헐벗은 나무들을 밑동 헤쳐서 보면
흥건히 얼룩진 핏자국
흑백 필름 기억뿐.

그날 붉은 깃발 산불처럼 번질 때
핏발 선 사람들이 꽂아 둔 창대들은
짙푸른 연리지連理枝 되어
손잡을 날 있을까.

형제가 총을 겨누며 제물祭物이 된 킬링필드
얼어붙은 여울은 풀릴 기척도 없고
상기도 혼절한 모토母土
실어증失語症을 앓고 있다.

청수헌聽水軒
―파성巴城 설창수 시인

진주 남강, 진양교 근처 물소리 아직도 높다
주인은 떠나시고 발길도 끊긴 뜨락
문패만 집을 지키며
옛 시인을 기린다.

긴 머리, 흰 두루막 휘이휘이 날리며
흰 고무신 신으시고 겨레 혼을 일깨우신 님
원효*의 내림 핏줄로
대장부 기상 우렁찼다.

대숲이 섰던 자리 대쪽같이 사신 님
광복에 넘치는 감격, 예술제** 펼치시며
찌르렁, 울리던 사자후獅子吼
물소리 아직도 높다.

*신라 시절의 고승高僧.
**전국 최초로 영남예술제가 펼쳐졌다.

타오르는 혼불
—내고 박생광乃古 朴生光 화백 탄신 100주년 기념전에 부쳐

보아라, 타오르는 혼불을, 저 불꽃을
촉석루 단청 빛으로 오방색 빛무리로
그대로 내고 박생광 빛으로 살아오시다.

명성황후* 모시고 민족혼 일깨우시니
겨레 가슴 언저리 뼈아픈 철천지한을
빛으로 증언한 역사, 홰를 치는 닭 울음소리.

청담青潭스님*을 위한 불심의 만다라曼茶羅
그 뜨거운 우정을 증표로 피워내고
살아온 아픈 발자국 눈물이며 선禪인 것을…

전봉준* 돌아와서 벼락 불칼 치는구나
흰옷 입은 민초들 들불처럼 일어나고
불타는 호남 제일성 지금 자지러지고 있다.

마지막〔堂山圖〕*은 우리들 목숨의 본향本鄕
영원으로 이어지는 청잣빛 고향 하늘은
돌아갈 그날을 위해 마련하신 자리일까.

굼틀굼틀 일어서는 선, 현란한 색채의 향연
이 겨레 혼을 실은 역사와 토속과 전통으로
그대로 내고 박생광 빛으로 영생永生하시다.

* 연대순年代順 대표작의 이름.

학鶴처럼 사신 님
―은초 정명수鄭命壽 선생님, 추모하며

비봉산을 지키시던 비봉루 은초 선생님
그 산보다 높으신 덕망, 학처럼 사시더니
훨, 훨, 훨 날개를 펴고
먼 하늘 떠나셨습니다.

만석지기 복을 받아 만석萬石을 베푸시고
가진 것 나눠주며 가르치신 서예書藝의 길
후학을 길러 오신 보람
천추에 빛납니다.

해마다 꽃철이면 모란을 곱게 피워
예인藝人을 초대하여 꽃 잔치 펼치시더니
풍류風流도 머나먼 옛일
꽃철도 잊었습니다.

숨은 학, 두고 가신 아롱진 깃털이여!
묵향墨香은 천리 밖, 온 세상 빛이 되고
"백 년을 사셔도 짧은 인생
예술은 길었습니다."

우주의 노래
—고 이성자 화백 영전靈前에

남강물 흘러 흘러 태평양을 건넜어라

그 넓고 넓은 우주에서 색동별 되신 님

눈물로 우러르면서

꽃 한 송이 올립니다

고운 선線과 색채로 우주의 신비 밝혀내고

대지大地와 모성母性의 위대함을 풀어내신

그대는 남강이 키운

진주의 딸, 진주 사람

하늘과 땅, 별과 달을 가슴에 부여안고

크신 뜻 이뤄내신 색채의 마술사로

이승에 몸 벗어 두셔도

우주의 노래 빛납니다.

한글은 누리 글
―한글학자, 고 김석연金昔姸 교수* 영전靈前에

해와 달에 견주랴, 누리 밝힌 우리글을
세종대왕, 만백성을 어여삐 여기시고
정음을 배우기 쉽게
이 땅에 내리셨으니

온 누리 삼라만상 천天, 지地, 인人을 아우른 뜻
홀소리, 닿소리는 소리의 보배 곳간
온 세상 소리를 적는
하늘 아래 으뜸글

하늘 아래 천지 만물 소리를 적어내면
햇빛과 달빛으로 누리 밝힌 일월곤룡도
빛무리 찬란하여라,
우리 한글은 누리 글.

*진주 주약동 91번지 출생, 서울대학, 미국 예일대학, 뉴욕주립대학교 수 역임. 한글에는 철학哲學이 있고 과학적인 글임을 최초로 연구하여 유네스코에 등재했다. 노태우 대통령상 수상. 본인의 4촌 시매님.

제 3 부

진주의 노래
— 노래가 된 김정희의 시조

진주 시민의 노래
—로고송

| 배영선 작곡 |

월아산 솟는 해가 진주 고을 밝히면
푸르른 남강 물에 금빛 햇살 덩더쿵
어허야 상사아디야 새 진주를 열어라.

둘러친 산빛 물빛 촉석루를 감돌고
백로는 꿈을 실어 춤을 추며 덩더쿵
어허야 상사아디야 새 진주를 열어라.

풀잎도 흙 한 줌도, 자랑스런 이 땅에
다 함께 손잡으면 한 핏줄로 덩더쿵
어허야 상사아디야 우리 진주 좋을시고.

강주 연못 · 1

연못으로 갈거나
연꽃 만나러 온 바람같이
꽃자리 잎만 남아 수화手話를 읊조리는 곳
눈감고 헤아려보는 그윽한 영혼의 나라

그대 말씀 언저리
산울림인가 먼 종소리
진구렁에 발 딛고 발목 빼지 못해도
빛 부신 화엄의 날을 꿈꾸며 살라 하네

연못에서 만난 바람
옷깃을 스치누나
저문 날 들녘에서 이마 맞대는 인연
꽃인 듯 그림자인 듯 무릎 꿇고 맞으리라.

강주 연못 · 2

| 오세일 작곡 |

두 손을 고이 모아 기도를 올립니다
저승길 강나루에 어둠을 밝힙니다
그 곁을 맴도는 바람
향을 실어 나릅니다.

사무친 그리움에 흰 뼈마디가 녹습니다
마음을 한데 모아 중심을 잡습니다
하늘도 더 높은 곳에서
꽃비를 내렸습니다.

꽃과 열매 만나고 헤어지는 아픔을 봅니다
슬픔을 건너가는 배 무시로 흔들립니다
목메인 한마디 말은
명치에 접어 두었습니다.

불화살에 데인 목숨, 찬 이슬에 젖습니다
이슬로 쓴 시 한 구절 연잎으로 떨어집니다
바람은 고요의 손 잡고
말없이 사라집니다.

꽃샘바람

| 하오주 작곡 |

꽃 멀미, 꽃에 취해 해종일 비틀거리는
길 잃은 몽달귀신 몸 둘 곳을 잊었는가
길목을 지키고 서서 휘파람을 불고 있다

귀밑머리 땋은 댕기 바람결에 날리고
더러는 회초리로 꽃가지를 내리치면
채 못 핀 송이 송이가 죄도 없이 이울었다

말 못 할 속엣말은 아지랑이 속에 달궈
오지랖 풀어 헤치며 헛손질도 짚으면서
어둠 속 피어 올렸던 눈부신 수화手話 한 구절

긴 세월 흐름 속에 서리 맞은 꽃봉오리
한 많은 음표音標들이 휘몰이 춤을 춘다
바람은 감아온 물레를 되돌리고 있구나

천지에 흐드러진 복사꽃 흩는 바람

바람은 바람끼리 풍장風葬을 지내고

여울목 거슬러 간 곳 파선破船 한 척 누웠다.

남강 물빛 속에는
―논개를 추모하며

| 최유리 작곡 |

앞산은
그 자리에서
늘 그대 이름 부르고

그날,
떨어진 꽃잎은
물거울에 아른거린다

매운 향
징 소리 울리며
떠나간 그 여인을…

물에,
저 강물에
얼비친 하늘 한쪽 있다

흰 구름
흐르는 곳
늘 푸른 눈동자로

해와 달
맞이하면서
별이 된 그 여인을…

도라지꽃

| 하오주 작곡 |

돌아선
그대 뒷모습
멀어진 날에

풀숲에
아롱거리는
보랏빛 고운 생채기

두 눈에
이슬 매달고
먼 산을 바라보네.

방하착 放下著　　　| 신장식 작곡 |

무 배추
장다리 밭에
옮겨 앉는 흰나비

무심코
날아오른다
날갯짓도 가볍게

가진 것
아무것도 없이
빈 몸으로 가볍게.

상사화
―꽃무릇

| 조만기 작곡 |

지귀志鬼여 그대 혼불이
타오르던 옛터에

천년이 지나도록
타오르던 혼백이 있어

앞뒷산 태울 불씨를 모아
부싯돌 치는 이 있다

남모를 그리움도
인연이라 한다면

백번 죽어 되살아나는
윤회의 오솔길에

두고 간 그대 금팔찌
들고 섰는 이 있다.

꿈꾸는 금호琴湖 | 하오주 작곡 |

달무리 여울지는 어스름, 달밤이면
눈물 고인 눈매로 찾아가는 금호* 호수
그 옛날 여읜 사람을 만날 수가 있을까.

비단 안개 헤치며 꿈길에서 만난 그대
월아산 봉우리에 휘영청 달 띄워 놓고
거문고 맑은 가락에 피리 불고 있었다.

먼 훗날 만나리라 새끼손을 걸었던
갈대는 목을 꺾고 바람결에 휘둘리고
물가에 핀 달맞이꽃 초롱 등불 밝혔다.

산이 되고 별이 된 그리운 이름이여
해 지면 만날까나, 달 뜨면 만날까나
물안개 피워 올리며 꿈을 꾸는 금호 호수.

*진주시 금산면에 있는 큰 호수.

가꼬실〔佳谷室〕*

덕천강 경호강이 합수하는 여울목
물은 물끼리 모여 한 바다를 이루고
그 물빛 하늘을 이고, 구름 따라 흐른다

산수화 그림 속에 떠오르는 옛 마을
불러야 할 살붙이며 오래 정든 사람은
진양호 깊은 물에 잠겨 아른아른 꿰비치고.

푸른 하늘 수繡놓으며 대숲에 살던 백로
정든 둥지를 잃고 어디를 헤매는가
물총새 물길 가르며 돌아갈 곳 찾건만.

인생은 꿈이런가, 한 자락 연기던가
세전지물世傳持物 버려두고 떠나야 할 사람들
속눈썹 고인 눈물이 진양호에 잠긴다.

*귀곡동, 진양호 수몰지구. 이 작품은 진양호 수자원공사 2층에 시 화詩畫로 전시展示되었다.

가을 성자聖者

시경루詩境樓* 들어서면 우람한 은행나무
황촉 불 밝힌 신전, 사제司祭의 모습이더니
밤사이 등불을 끄고 의관衣冠마저 벗었다

땅 위에 황금 옷을 하심下心이듯 펼쳐놓고
날짐승 보금자리 무등 태워 지켜주며
빈손을 높이 들고서 기도하는 저 몸짓

강 건너 월아산에 아련히 달, 떠오르면
어둠을 밝히는 샛별 같은 서원을 세워
뭇 목숨 거울이 되고자 몸을 닦는 그 모습

삭풍을 견딘 세월, 우주와 교감交感했다
밝히는 명상의 빛 더욱 맑아지더니
몸이 쓴 다비의 경전經典, 온 가을이 환하다.

*한국시조문학관 전시실.

천년 울음
—연지사(蓮池寺)* 종을 위하여

돌아가리, 돌아가리 옛 신라 고향으로

진주성 무너질 때, 볼모가 된 연지사 종**

캄캄한 공방에 갇혀

오금 저린 사백여 년

여기는 일본 땅 츠루가시(敦賀市) 죠구신사(常宮神社)

사슬에 묶인 몸은 발버둥쳐도 상처만 깊고

목 놓아 울고 싶어도

울대마저 잠겼다

고국에서 찾아온 반가운 정혜스님**

긴 세월 검버섯 핀 몸 어루만져 주시니

비로소 소리쳐 보았다

뎅~ 댕~, 천년 울음을.

* 진주성 대사지(大寺池)에 있었던 연지사(蓮池寺), 신라 시절의 종.
** 진주시민 문화재 반환운동 모임 대표 정혜스님이 2016년 현지에 가서 종을 쳐보았다는 신문기사를 읽은 감회로 읊은 시조.

새소리
―새벼리에서

초록빛 음표音標들이 햇살을 물어 나른다
산과 들, 푸른 숲에 메아리치던 노래

불고 간
바람이듯이
귓가에 머무는데

수의壽衣를 갈아입고 잠자리에 드는 밤
아름다운 이 세상 하직할 듯했건만

날 새면
들리는 새소리
또 하루가 밝아 온다.

*2024년 11월 서울 지하철 2호선 한양대역 외선 방면 4-3(좌), 4호선 사당역 당고개 방면 6-4(좌), 7호선 이수역 온수 방면 8-1(우). 스크린도어에 설치된 시조 작품.

제4부

사랑하는 꽃을 위하여

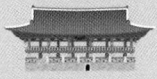

근황近況

푸른 병풍 드리우고
금모래, 쪽빛 강심江心으로

짙푸른 마음 밭에
신선神仙 되어 가꾸는 꽃

선경仙境에 빛나는 햇살
어루만지는 멋이여

꾀꼴새 목청 뽑고
비둘기 노니는 곳

꽃보라 눈부셔라
화조花鳥들 보금자리

저절로 더불은 삶이

꿈을 심네 흙 속에.

— 첫 시조집 《소심素心》

산길, 도라지꽃

내 아버님 밟으시던 충청도 첩첩 산길
산이 산을 업고 반가이 마중 나오고
먼발치 구름도 모여 이마에 맞대이네

인삼골 깊은 골에 숨어 핀 도라지꽃
흰 옷깃 선조先祖의 향이 자욱이 스며 있어
동학東學을 섬긴 살붙이들 볼 부비며 서 있네.

―제2시조집 《산여울 물여울》

백목련

찬 하늘 우러르며
북향北向하여 꽃망울 진

내 어머니 서러운 생애
목련꽃이 이운다

봄날이
오기도 전에
이승 떠난 하얀 넋.

산다화 山茶花

고초 당초 매운 시집
눈물 젖던 새색시

연다홍 치마폭이
자락마다 얼룩졌네

살얼음 인동忍冬의 강에
발목 적신 그대여

눈먼 세상, 눈을 뜨고
돌아앉은 세월 너머

맑은 샘 길어 올린
꽃 심지를 밝히면

봄빛은 청사초롱 들고
옛 마을을 찾겠네.

나사이꽃*

오매** 오매 울오매야, 보구지븐*** 울오매야
나사이꽃 피거들랑 딸네 집에 오지 마소

풋보리 익기까지를
울먹이던 새대기****

두지*****를 긁어 봐도 쌀 한 톨이 없었고
허리띠 졸라매도 해는 중천中天에 떠 있어

들녘에 핏기 잃은 새대기
오소소 떨고 있다.

*냉이꽃.
** 어머니.
***보고 싶은.
****새댁.
*****뒤주.

서리꽃

눈물 고인 눈매로 고드름 엮지 않았다

한恨이며 아롱진 꿈, 영嶺 너머에 뿌렸다

은빛도 찬란한 형관荊冠은 빛무리로 둘렀다.

민들레 초상肖像

길섶에 말없이 앉아
빈자일등貧者一燈 켜놓고

머물다 떠난 인연
바람결에 보낸 후

빈집에
허리를 꺾고
열반경을
외
운
다.

저 달개비꽃

잠시 머물다 가기는
너와 나, 한 몸인데

그 가냘픈 꽃 빛만 한
하늘 한 줌 쥐고

어둠에 기댈 수밖에…
이슬에 젖을 수밖에…

맨드라미, 불 지르다

섬돌에 묻어 둔 불씨 빠지직 불 지폈다.
언 가슴 녹인 불꽃으로 피어난 맨드라미
오자랖 데인 흔적을
주홍글씨 새기며.

몇 번을 까무러쳐도 끓어오르는 더운 피
내림굿 손대 잡고 날고 싶은 나비 꿈은
선무당 신들린 춤사위
바라춤을 추는 듯.

귀뚜리 밤을 울어 풀잎도 잠 못 든 새벽
혼을 실은 낮달은 빈 하늘에 떠돌고
아 여기 불타는 집 한 채
지상에 머물고 있다.

등藤꽃

그 사람 말 못 할 속내
몸 비비고 앓고 있다

잡은 손 놓지 못하고
가끔 헛손질도 하면서

그래도
하늘을 향한 기도
줄줄이 등촉을 단다.

난蘭꽃 피던 날

마침내 눈을 뜨는
한 우주를 봅니다.

긴 세월
뿌리 깊이
잠들었던
종소리

이윽고 노래가 되는
황홀한 순간입니다.

구절초

사람아
먼 사람아
엇갈린 길목에서

봄, 여름
기다려도
소식조차 없더니

이 가을
풀초롱(草籠) 들고
어느 결에 왔느냐.

패랭이꽃

나 죽어 꽃의 몸으로 환생할 수 있다면
어머니 무덤가에 패랭이꽃으로 피어

이승에 못다 한 사연
이룰 길도 있으련만…

*무덤 앞에 절로 핀 그 꽃을 보며.

얼레지꽃

불 인두 늘려 봐도
설레는 오지랖을

앞가슴 풀어 헤치고
저 언덕을 응시하며

밤이면
먼 별빛에 홀려
피로 글 쓰는 그녀.

백련 白蓮

내 눈물 고인 늪에
피어난 백련 한 송이

꿈인지 신기룬지
물거품일지라도

목숨이
이우는 날에
함께 떠날 그림자.

청화백자 靑華白磁

늘 비어 있는 가슴, 청모란을 피웠다
오지랖 풀어헤치며 시름에 젖은 날은
해묵은 세월의 그림자
은회색 깃을 펴는가

내훈內訓을 되새기며 살아온 긴 날은
흰 새벽 건너가던 여울목 물레 소리
세월을 감고 되돌리며
그리움에 젖었다.

—《유심》 2024년 겨울호

은행잎 지던 날에
―먼저 간 아우에게

가을이 깊어지면 노랗게 물든 잎새
그 어인 삭풍으로 떨어져 간 목숨인가
백지에 흰 구름 띄워
전해보는 내 마음

아슴히 떠오르는 전생의 기억 같은
손잡고 시름 달래던 둘도 없던 아우야
한 가지, 차례로 눈을 뜬
연둣빛 그 잎새여

아득히 들려오는 계면조 울림 소리
초가을 하늘 아래, 서리 맺힌 젊음은 가고
꽃상여 요령 흔들며
여울지던 그 소리…

―《유심》2024년 겨울호

그 겨울 얼음새꽃

용케도 살았구나, 얼음 지핀 저 눈 속을
지난밤, 된서리에 어금니를 깨물며
난전에 좌판을 펴고
목숨 잇던 아낙처럼

봄 뜨락 모란꽃을 부러워한 적 없었다
노란 꽃 껴안으며 흙에 대해 감사할 뿐
뼈아픈 고행길이여
피가 뚝 뚝, 지듯이

생살 찢는 칼바람이 살갗을 허물어도
샛별에 눈 맞추며 촛불이듯 불을 밝혀
태양을 겨냥한 눈빛
과녁 뚫을 날 있으리.

동백 별사別辭

봄꿈은 하염없는 꿈결 속에 사라지고
데인 입술, 찢긴 상처
찬 이슬에 젖은 날

지상을
환히 밝히던
그대 뜨거운 말씀.

만나고 헤어지는 여울목 나루에 서면
사랑은 영원히
돌아오지 않는 강물

이승에
노래가 있어
찬 서리를 견디는.

제 5 부

시절 노래

아버지

녹두꽃
진 자리에
일어선 한 줄기 바람

세상을
바꾸려는 뜻
천지를 휩쓸었건만

소나무
휘인 가지에
옹이로 굳어 있다.

봄·아지랑이

"사람은 하늘이니라"
하늘 말씀 우러르면
언 하늘 맴을 돌던 혼령이 내리시어
산허리 아련히 감도는 도포 자락 보이고.

피로 얼룩진 세월
백년도 꿈결이듯
서풍을 마다하고 동풍 따라 나서던
백성들 베잠방이도 먼 들녘에 가물거린다.

보일 듯 보이지 않고
잡힐 듯 잡히지 않는
꽃보라로 손짓하며 구름결에 나부끼는 것
공중에 걸린 현수막 〈개벽〉이라 쓰여 있다.

—《월간문학》 2024년 3월호

구름 운필運筆

바람 한 점 앞세우고 붓을 든 그의 손길
흘림체 일필휘지로 상징의 말 적고 있다
비백飛白의 흰 울음 품고
길 떠나는 음유시인

하늘 한 자락 펴고 그려보는 달 발자국
송이송이 피운 꽃도 초서체로 날리며
썼다가 지워질 어록語錄
쓰고 또 쓰고 있다

결코, 한자리에 머물 수 없는 그의 숙명
연鳶처럼 뚫린 가슴, 근육골기筋肉骨氣* 휘감아도
어스름 발묵潑墨 질 무렵이면
가뭇없는 이름이여.

* 형호荊浩의 〈필법기筆法記〉에서 제시된 필획의 사세四勢, 동양화의 평가기준을 제시하는데도 적용適用.

난기류 亂氣流

찬 바람, 더운 바람이
소용돌이 치고 있다
대붕大鵬이 깃을 펴는 더 높은 하늘 언저리
찬란한 꿈의 궁전에는 헐뜨거운 숨결 소리

흑백을 가르려는
불꽃 튀는 아수라장
더 높은 하늘가엔 흐름별도 눈물겨워라
낮은 곳 풀잎들 숨죽이며 보는데…

폭풍이 몰아치면
원수도 손을 잡고
두 손을 맞잡으면 광풍도 숨죽일 것을
난기류 잠자는 날은 언제쯤 오려나.

—《유심》 2024년 겨울호

망월동 백일홍

"무쇠를 녹이리라"
"무쇠를 녹이리라"
망월동 무덤가를 달구는 저 불가마
장대비 백날을 쏟아도 불길은 끌 수 없고.

천둥 번개 내리치던
아수라 지옥의 날
사태진 언덕 위에 불기둥으로 솟아
허공에 빛을 뿌리고 몸을 사른 혼백들.

내 눈물 땅에 묻고
돌아서는 이 길목
은은히 들려오는 우렁찬 저 종소리
에밀레, 종 치는 나무여, 네 울음에 발이 묶인다.

물 위에 뜬 판화版畫
―수달에게

강물에 떠내려온 목판 같은 모래성에는
물무늬 테 둘러놓고 한 무덕 핀 개나리꽃
음각한 물갈퀴 자국
판화 한 폭 새겼다

진양호* 상류에서 살고 있는 수달이가
달빛에 이끌리어 시름없이 노닐던 곳
천사가 다녀간 흔적은
티 없는 무위자연

어느 날 강물 넘쳐 모래성 허물지라도
오고 간 자국마다 흐드러진 꽃밭인데
사람이 스친 발자국은
꽃 피우지 못한다

*진주 남강 상류에 있는 호수.

박물관 고考
―초기의 진주박물관

잠을 턴 옛 왕조가 초롱을 밝혀 든다
영원과 일순이 손을 잡는 가장자리
튕겨면 불꽃이 튀는 붙박이별, 별자리

빛과 그늘 고여 있는 그날의 못물 가에
새하얀 혼을 실은 새 한 마리 날아오르고
자욱한 아지랑이 속 나고 들던 발자국

시간이 빠트린 꽃잎의 작은 비늘이여
해와 달 드리운 첩첩한 어느 오지
앙금진 흙더미 속에 눈먼 날을 지새고…

한 굽이 일천 년을 고이 접은 그 언저리
합죽선 펼 때마다 서리 우는 우리 넋
끝내는 쓸쓸한 웃음 숨결 돌아 깨어나고…

윤기 밴 가야의 풍물이며 노리개들
화제 없는 병풍 속에 낮닭 소리 귀에 젖고
손금을 펼쳐서 보듯 내다뵈는 전생前生이여!

찰나의 숨결이어라, 바둥대던 맥박이어라
사라졌던 흔적들이 말문 여는 저 무한대無限大
받들어 숨 쉬는 목숨 별빛으로 띄우고픈.

*진주박물관 2층에 액자로 전시展示된 작품.

쌀, 쌀, 쌀
―진주시청 앞 농민 시위 현장에서

젖어미는 통곡한다, 버려야 할 자식 두고
햇빛과 비바람에도 손 모은 피붙이를
길거리 팽개쳐 놓고
돌아서는 농심은.

높새바람, 하늬바람, 황사바람 넘나들어
박힌 돌 뽑아내는 돌팔매도 아파라
덮쳐온 해일 앞에서
무너지는 천하지대본.

의붓어미 등쌀에, 난리통 굶주림에
신주처럼 모시고 금쪽같이 아끼던 것
어쩌다 신토불이는
불쏘시개 되었을까.

황토재 불타던 노을, 보릿고개 아른거린다
쌀더미 불 질러 놓고 호곡하는 풀국새 소리
격양가 부르던 곳에
검은 만장이 웬 말인가.

세한도 歲寒圖 속에는

하얗게 언 하늘에 별곡別曲이 흐르고 있다
서슬 푸른 창대이듯 서 있는 소나무
그 곁에 휘늘어진 노목老木
예서체 쓰는 날에.

눈 덮인 바닷가엔 솔빛만이 푸르다
용솟음치는 성난 파도 먹물 풀어 잠재우고
적막이 숨죽인 자리
새 한 마리 날지 않았다.

다만, 우주와 교신하는 외딴집 둥근 창 하나
사람은 뵈지 않고 신명만 넘나드는 곳
깡마른 조선의 혼불이
이글이글 타고 있었다.

침선針線

스란치마 고이 접어 수繡틀 꽃밭 노닐면
비단실 올올마다 꽃잎을 열고 나와
황홀히 깃 치던 꿈길 굽은 가지 학鶴이 날고

꽃가마 고갯길은 굽이치는 눈보라
밤 도와 설움 접는 각시솔* 시린 손길엔
보랏빛 아미蛾眉의 구름 그림자도 짙어라

사랑의 외진 길을 곱 누비며 지친 날은
한 올 깊은 뜻을 눈금으로 새기고
바늘 끝 아린 손길이 나래 옷을 깁는다.

*안으로 접어 깁는 바느질의 이름.

에밀레종

슬퍼라, 자식 잃고 넋 잃은 어머니여
가슴에 범종 하나 걸어 두고 살아온 천년
앉으나 서나 들리는 그리운 그 목소리

벙어리 냉가슴을 무쇠로 앓았던가
오직 하나인 목숨 불가마에 던지던 날
먼 천둥 여울져 우는 저 에밀레, 에밀레…

뼈도 살도 녹아 밤낮으로 듣는 이름
눈감고 귀먹어도 어질머리 새로워라
천륜은 무딘 쇠사슬, 조여드는 아픔을

용머리, 움켜쥔 발톱, 하늘 자락 휘감는 비늘,
무수한 낮과 밤을 기다림에 눈이 멀어
네 울음 이승을 감돌아 구름 밖을 누비네.

무심無心을 위하여

울컥, 목메는 묵은 슬픔 있었던가
창공을 우러른 학, 긴 울음 멈췄을 때

스쳐간
원경遠景일랑은
노을 속에 잠기고

앞뜰에 늙은 나무 세월을 잊고 서서
지나는 먹구름이 빗방울 흩뿌려도

아는 듯
모르는 듯이
눈을 감고 서 있다

등대, 길을 밝히다*

복사꽃 피는 날에 뿌리 찾아 나선 길
홍살문 바라보니 절로 눈물이 흘러
돌아온 탕아가 되어
몸 둘 곳이 없어라

옷깃을 다시 여며 내삼문 들어서서
승례사 영정 앞에 큰절을 올리옵고
핏줄을 이어온 내력
살펴보는 한나절

멀고도 가까운 곳, 은발을 이고 찾아오니
부끄러운 후손으로 얼굴 차마 못 들고
예학禮學을 밝힌 가례집람家禮輯覽**
찾아 뵙고 감격했다

고전의 숲속에서 숨 쉬는 한나절은
동방예의지국에 태어난 보람으로
서원은 사람이 사는 길을
불 밝히는 등대였다

*광산 김씨 사계 김장생沙溪 金長生 선생님과 후손을 모신 돈암서원은
 충남 논산시에 있으며 유네스코 세계문화유산으로 지정되었다.
**한국 예학을 세우신 사계 선생의 저서.

무심차無心茶, 향에 젖어

한 생각 내려놓고 마음을 비우리라

헝클린 실타래 풀어
허공에 날리듯이

무거운
짐 벗어 던지고
나비처럼 날고 싶다

피어난 뭉게구름 바람결에 날리고

끝없이 멀고 아득한
청 하늘을 그리며

솔바람
소리 들리는
맑은 찻물 끓인다

연둣빛 향에 취해 나를 잊는 한순간

고요가 사는 마을
아늑한 꿈길 속에는

저기, 저
구름을 탄 선학仙鶴도
본향本鄕으로 돌아가리

—《유심》 발표작

| 평설 |

중후한 목소리 다지는
김정희와 시조문학관

강희근 시인·경상대 명예교수

1.

새벼리는 진주팔경 중의 하나이다. 시내 중앙로터리에서 남쪽으로 차를 몰아가면 진주교가 나오고 그 가락지 끼인 다리를 지나면 곧장 천전시장을 만난다. 시장을 왼쪽에다 두고 달리면 제일병원과 1호광장이 나온다. 이어 직진으로 가면 럭키한주아파트, 방송통신대 학습관을 거쳐 은빛과 금호아파트를 지난다. 이제 서서히 좌회전으로 비스듬히 꺾어 오르막길을 타야 한다.

새벼리 초입으로 고개 끝이 보이는 듯하면 왼쪽은 벼랑이고 오른쪽은 산세에 갖가지 나무들이 얽히는 빠안한 굽이치기 40도 경사로 전경을 이룬다. 신비한 지대요 석류공원의 허리가 여인의 허리처럼 조금씩 드러나는 진주의 관문이 팔경이다.

  그 중간쯤 산으로 드는 '시조문학관'의 간판이 나온다. 이때를 놓치면 차 한 대로 구불거리는 100미터 선경과 우람한 기와집들을 놓치게 된다.

      푸른 병풍 드리우고/ 금모래 쪽빛 강심으로//
      짙푸른 마음 밭에/ 신선 되어 가꾸는 꽃//
      선경仙境에 빛나는 햇살/ 어루만지는 멋이여//

      꾀꼴새 목청 뽑고/ 비둘기 노니는 곳//
      꽃보라 눈부셔라/ 화조花鳥들 보금자리//
      저절로 더불은 삶이/ 꿈을 심네 흙 속에

                                    —〈근황〉 전문

  이 작품은 김정희 시조작가의 '한국시조문학관'에서의 근황을 노래한 것이다. '푸른 병풍'은 새벼리의 모랭이 굽이치는 모양을 병풍으로 말했고 '금모래 쪽빛 강심'은 새벼리 벼랑 아래 감도는 남강을 가리킨다. 시조 문학관을 품고 있는 산속 언덕을 '선경仙境'이라 불렀다. 이만하면 장소의 아름다움을 다 말한 셈이다. 거기 꾀꼴새가 있고 비둘기가 날고 화조들이 눈부시게 노니는 곳에 문학관을 앉혔다는 것 아닌가.

 시조의 느린 상상에 붙들려 있지 않고 툭 튀는 시조를 선보여 준 것이 인상적이다.

   타고난/ 더운 피를/ 피 뱉듯 받아들고

   온 세상/ 푸르름에/ 징을 울리는 반란叛亂

   광대야/ 서러운 탈춤/ 열두 마당 풍악 소리
            —〈홍단풍 앞에서〉 전문

 시조의 화자를 홍단풍으로 읽으면 훨씬 역동적이다. "인간의 더운 피는 푸르름에는 반란이라 이때가 광대노릇 서러운 탈춤마당 풍악에 어울려 보자꾸나" 시상이 날렵하고 상상이 민속놀이에 이르고 있다. 시조의 평상 흐름에 갑옷을 입힌 듯한 가락이다.

 또 〈북풍에게〉가 기다린다. 이 시조도 갑옷인지 들여

다보자.

> 망나니 저 망나니/ 큰 칼 잡고 춤을 춘다
> 산천도 소스라치고/ 혼절하는 천지간
> 듣는가 빈 가지 현을 켜는/ 겨울 나무 노래를
> (…줄임…)
>
> ─〈북풍에게〉에서

 이 시조도 얌전한 풍이 아니라 한 번 맛 들인 상상의 낙차를 내보이고 있다. '망나니 저 망나니 큰 칼 잡고 춤을 춘다' 겨울 북풍의 마구잡이 완력을 나무라고 있다. 시조는 대체로 전통이 이성적이거나 휴머니즘이다. 그러나 소재가 그런 이성이 아니고 그런 휴머니즘이 아닐 때 과단성 있게 날이 선 표현을 도입하는 것이리라. '진주검무'를 떠올려 준다. 기능 보유자를 생각지 말고 처음 검무 생겨날 때의 의도를 짚어보면 좋겠다.

2.

 김정희 시조시인은 출생이 일본 오사카(大阪)이다. 일

단 부모가 일본에 살았다는 이야기가 된다. 시인은 자라기는 마산, 고등학교는 마산여고를 나왔고 시집은 진주로 와 살았다. 숙명여대 국문과를 수료했고 부군은 경남과기대(현 경상국립대) 전신 진주산업대 총장을 지낸 고 김상철 교수이다. 그러나 시인의 아버지는 고향이 충남 금산군 진산면으로 시대의 흐름에서 굴곡진 파도를 탔던 분이었다.

    내 아버님 밟으시던 충청도 첩첩 산길/
    산이 산을 업고 반가이 마중 나오고/
    먼발치 구름도 모여 이마에 맞대이네//

    인삼골 깊은 골에 숨어 핀 도라지꽃/
    흰 옷깃 선조先祖의 향이 자욱이 스며 있어/
    동학東學을 섬긴 살붙이들 볼 부비며 서 있네
                             —〈산길, 도라지꽃〉 전문

  아버지를 '산골 도라지꽃'이라 불렀다. 왜 인삼골에 숨어 핀 도라지꽃일까? 동학의 길 끝에 선 세상살이는 역사의 능선을 타던 지사들의 뒤안길이다. 아버지는 본래 이름이 '김길수' 선생인데 파고 속에서 '김목수'로 변

성명하여 일본으로 건너갔다가 돌아오신 첩첩 산길의 도라지꽃, 흰빛 겨레의 숨소리 들리는 자리 앉아 계신다는 것이다.

김길수 선생은 유년에 서당을 다녔는데 그 유명한 야당 당수 유진산 선생과 동문수학한 1907년생이다. 유진산 당수는 그 시대에 김영삼, 김대중, 이철승보다는 한 발 앞서는 정치 지도자였다. 아마도 김길수 선생은 더 많은 언덕을 넘어다니는 이 나라 이름 없는 도라지꽃으로 함초롬한 이슬밭 주인이었을 것이다.

김정희 시조시인의 작품 중에서 특히 가족사를 포함하고 있는 이 작품이 귀하게 여겨진다. 다음 시조는 특히 노령의 시학이라 할 만큼의 연조를 느끼는 작품이다.

> 초록빛 음표들이 햇살을 물어 나른다/
> 산과 들, 푸른 숲에 메아리치던 노래//
> 불다 간/ 바람이듯이/ 귓가에 머무는데//
>
> 수의壽衣를 갈아입고 잠자리에 드는 밤/
> 아름다운 이 세상 하직할 듯했건만//
> 날 새면/ 들리는 새소리/ 또 하루가 밝아 온다
>
> —〈새소리〉전문

이 시조는 노달, 노숙의 경지를 보인다. 젊은 사람들 재기도 중요하지만 인생이 깊숙이 담겨 있는 구절이 생의 언덕배기에 오른 숨차지만 다 아는 듯한 체현이라 눈시울이 뜨거워지려 한다. "수의壽衣를 갈아입고 잠자리에 드는 밤" 같은 대목이 새소리로 깨어나고 있는 아침을 맞이한다는 것이다.

〈망월동 백일홍〉은 돌아가신 아버지 혼백 또는 숨결이 젖어오는 느낌이다.

    "무쇠를 녹이리라"/ "무쇠를 녹이리라"/
    망월동 무덤가를 달구는 저 불가마/
    장대비 백날을 쏟아도 불길은 끌 수 없고//

    천둥 번개 내리치던/ 아수라 지옥의 날/
    사태진 언덕 위에 불기둥으로 솟아/
    허공에 빛을 뿌리고 몸을 사른 혼백들//

    내 눈물 땅에 묻고/ 돌아서는 이 길목/
    은은히 들려오는 우렁찬 저 종소리/
    에밀레, 종 치는 나무여, 네 울음에 발이 묶인다
                           ―〈망월동 백일홍〉 전문

저 5·18 광주의 불길이 아직 백일홍에서 붙어오르고 있다. 무쇠를 녹이는 불가마로 백일홍을 비유하고 있다. 장대비 백날로 내리쳐도 불길을 끌 수가 없다는 시다. 정신이 꼿꼿하고 함성이 아직 그 리듬으로 흐르고 있다는 역사의식을 보여주는 작품이다. 수작이다. 이런 작품은 시대를 외치는 강골의 호흡이요 선언으로 읽힌다. 금산 첩첩 도라지꽃이 여기 와서 숨어 핀 듯하다. 효심은 효심이라 하는 것 아니라 백일홍 한 그루로도 효심 너머를 말할 수 있는 것 아닌가.

3.

앞에서 김정희 시조시인의 가족사 작품 〈산길, 도라지꽃〉을 읽어 아버지가 살았던 시대의 언덕을 살핀 바 있다. 그 작품에 이어 단시조 〈아버지〉를 읽으면 말을 줄이고도 시대의 역정을 그대로 표현해 놓고 있음이 놀랍다.

녹두꽃/ 진 자리에/ 일어선 한 줄기 바람//

세상을/ 바꾸려는 뜻/ 천지를 휩쓸었건만 //

소나무/ 휘인 가지에/ 옹이로 굳어 있다

—〈아버지〉 전문

'녹두꽃'은 동학운동의 전봉준을 일컫고, 그 일으킨 바람이 진 뒤의 물결을 따라가는 아버지의 삶을 중장 "세상을 바꾸려는 뜻 천지를 휩쓸었건만"으로 말하고 있다. 종장은 그 마무리로 "소나무 휘인 가지에 옹이로 굳어 있다"고 쓴다. 사상적 실천의 흔적과 결과를 휘인 가지, 옹이로 박혀 있다고 표현한다. 아버지의 일생과 그 숨은 도라지꽃이 아프게 휘이고 거기 옹이로 박히는 역사적 상처 또는 현장을 형상화하고 있다. 쉬운 말로 평시조 삼장에 다 넣어 그렸다.

〈새벼리의 봄〉은 연시조로 가작이다. 새벼리에 시조문학관이 있어서일까. 시조의 골이 꽉 차는 느낌을 준다.

그 약속 잊지 않고 돌아온 화공들이/
채색을 하느라고 붓놀림이 바쁘다/

밤사이 그린 수채화 꽃대궐이 열두 채//

그 약속 지키느라 돌아온 악사들도/
이쪽저쪽 숲속에서 고운 목청 견준다/
문학관 능수 벚꽃도 들썩이는 어깨춤

—〈새벼리의 봄〉 전문

진주팔경 새벼리를 시조로 끌어낸 것이다. 이 시조도 가작이다. 이 작품은 필자가 내놓은 '진주팔경' 새벼리 편에 실려야 할 정도로 눈에 띄는 작품이다. 필자는 다음 재편할 경우가 생길 때 적당히 추가해 볼까 한다. 권말 부록에 '명진주시편'에도 넣어둘 것이다.

김정희 시조시인은 생전에 그가 그리고 꿈꾸던 '시조문학관'을 새벼리 안쪽골에 천금 같은 장소를 보유하고 있었던 그 기회를 바로 기회로 삼아 이름도 큰 '한국시조문학관'을 이루었다. 터가 있고, 여유가 있다고 다 이루는 것이 아닐진대 그의 성취는 곧 지역사의 성취로 이어지게 된 점에서 박수를 받아 마땅하다.

김정희 시조시인은 개관 10년 기념 '문학관 리뷰' 권두

언 〈전승문학의 진흥과 발전을 위하여〉라는 글에서 다음과 같은 기록할 만한 내용을 담고 있다.

> 고시조를 살펴보니 옛날 진주목晉州牧에서 벼슬을 하신 분들의 시조가 많았습니다. 하위지, 김종직, 남명 조식, 옥계 노진, 설봉 강백년 등 아루 헤아릴 수 없는 유명한 분의 본향이었습니다. 그분들의 옛시조는《화원악보》,《해동가요》,《청구영언》, 개인문집 등으로 고스란히 남아 있어서 명실공히 시조의 고향인 것입니다. 하여, 본인은 본인이 살고 있는 옛 진주목을 시조문학의 성지로 가꾸고 싶은 욕망을 지니며 본 문학관을 개관하였습니다.

김정희 시인은 더구나 진주문인협회를 맡아서 공적 단체의 흐름에 동참했던 분이라 그 공익적 포부는 결코 작지 않은 것으로 평가된다고 할 수 있다. 어쩌면 그가 개인적 포부로 시작된 문학관 운동은 오히려 공적 성취에 앞서는 부분이 있고 공적 기관이나 운동가들의 거시적 실천에 향도적 지향으로 나타나고 있다는 점을 주목해볼 필요가 있다 할 것이다.

앞으로 진주시나 진주문인협회, 진주예총이나 경남

문예진흥위원회 등등에서는 이 시조문학관의 현 위상을 주춧돌로 삼아 지원하고 그동안 미처 챙기지 못한 지역 문학관 사업을 본격적으로 추진해 나갈 것을 희망하는 것이다.

 그동안 진주는 거대사업 중심으로 지역예술 운동에 매진하면서 반대로 소프트웨어 쪽은 작은 시군에 뒤처진다는 후문도 있다는 점에 귀 기울여 주길 기대한다. 아울러 경남 시군이나 경남문예진흥위원회 등에서도 지역이 이루고 있는 개별적 창작사업 외에 보다 통시적이고 보다 공개념적 개인 사업도 과감히 평가하고 지원하는 시스템도 구축해 주길 바란다. 할 일은 많고 선도적 그룹의 움직임은 눈에 잘 보이지 않는다. 살아 있는 지역문화를 끌고 갈 동력이 약하다. 누구의 일인지 구석 구석에서 힘이 나오길 기대한다.

   ―〈강희근 교수의 경남문단, 그 뒤안길〉,《경남일보》

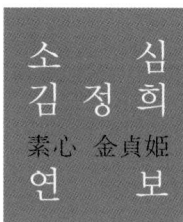

소심 김정희 素心 金貞姬 연보

- 아호 : 소심素心, 금향錦鄕. 본관 : 광산光山.
- 원적 : 충남 금산군 진산면 오항리 15번지.
- 본적 : 경남 진주시 주약동 91번지.
- 중조中祖 사계 김장생沙溪 金長生 님, 이후 십일세손拾壹世孫이신 부삿 김목수金穆洙 님과 모 김해金海 김차선金且先 님의 장녀로 태어남.

1934년	• 3월 7일 일본 오사카(大阪)시 후세(布施)에서 출생 (출생신고는 부삿의 독립운동 망명으로 인하여 외가인 경남 함안군 칠원면 용산리 24번지로 되어 있음).
1939년	• 여섯 살부터 부친께서 천자문을 가르쳐 주심.
1940년	• 大阪布施第一 尋常小學校에 입학. 이듬해, 독립운동을 하시던 부친께서 만주로 가시어 이별, 어머니와 함께 경남 마산시 추산동 포교당 뒤에 있던 외가의 큰집에서 절간의 대바람 소리와 종소리를 듣고 자람.

1941년	• 경남 마산성호초등학교 2학년에 전학. 현재의 창동 〈시민극장〉 앞에서 위 초등학교 졸업. 상남동 창신중학교 앞으로 이사. 마산공립여자중학교(6년제) 입학. 노비산(제비산)과 노산 이은상 선생 본가 〈은상이샘터〉는 하굣길 쉼터였다. 3학년부터 국어시간에 시인 김태홍 선생님의 지도를 받았고 4학년부터 문예부 부장을 함.
1950년	• 월반을 하여 숙명여대 국문학과 입학. 고전문학 시간에 가람 이병기 교수님의 지도를 받음. 《청구영언》과 《가곡원류》를 교재로 삼았다. 그해 6월 25일 북한이 남침하여 전쟁이 일어남.
1953년	• 전쟁 중 학업 중단. 서울대학교 농과대학 졸업생인 진주농고 교사와 결혼함(뒷날 남편의 직장은 진주농업전문대학, 진주산업대학, 경남과학기술대학교가 되었고 현재는 국립경상대학교로 합쳐졌다). 결혼 후 시어머니와 채소 농사를 지음.
1960년	• 남편의 전공을 살려 연구하여 진주에서 최초로 속성재배를 시작 5,000여 평의 땅을 확보. 박정희 대통령 산림녹화 정책으로 산림식재 묘목과 정원수 묘목을 키워 목련 묘목은 일본에 수출.

시조 공부

1970년	• 20년간 모시던 홀시어머니 별세. 아이들을 서울에 있는 학교에 보내어 마음의 여유가 생겨 가계부를 적으며 옛날 공부를 시작. 서점에 시조집이 뵈지 않아 《한국시조문학 사전》(서울대학교 정병욱 교수 편저)을 교본으로 삼고 시조 짓기를 낙으로 삼으니 생활의 기통구氣筒口가 되었다.
1973년	• 우연한 기회에 이화대학교 리태극 교수님에게 작품을 보여 단박에 작품집을 내어 주시겠다고 하여 작품을 정리하여 부송.

문단 경력

1974년	• 첫 시조집 《소심素心》 상재.
1975년	• 《시조문학》에 작품 〈화도花禱〉로 리태극, 이영도, 정완영 시조시인의 추천 완료로 등단.
1980년	• 제2시조집 《山여울 물여울》(한국문학사, 이근배) 간행. 문단 선배님들의 격려 서신과 법정 스님의 편지도 받음.
1986년	• 제3시조집 《빈 잔에 고인 앙금》(교음사) 출간. 초정 김상옥 선생님이 제자題字를 써 주심.
1988년	• 제6회 한국시조문학상, 작품 〈박물관 고考〉 외 1편으로 수상.
	• 국제펜클럽 한국본부, 한국여성문학인회 입회를 조경희 회장님께서 주선. 또한 《한국수필》에 유럽기행 수필을 발표하게 해주시면서 수필 쓰기

	를 권유하셨다. 그 시절 외국 나들이를 하게 된 것은 장녀가 프랑스대학 박사학위 수료식 초청장을 보내왔기에 정부의 허락을 받고 나선 걸음에 유럽 일주를 하며 쓴 수필들이었다. 그 당시 외국 출행이 어려웠기에 남편의 학교 교수님들이 견문록見聞錄을 써서 보여 달라는 부탁을 하셨기 때문이었다.
1990년	• 제1수필집 《아픔으로 피는 꽃》(교음사) 출간(유럽 기행 수필 포함).
1992년	• 《1992 한국문학작품선》(한국문예진흥원), 작품 〈빈 가게의 노래〉 수록.
1993년	• 제10회 성파시조문학상, 작품 〈망월동 백일홍〉으로 수상.
	• 《1993 한국문학작품선》(한국문예진흥원), 작품 〈상사화〉 수록.
1994년	• 제4시조집 《풀꽃 은유》(동학사) 출간. 성파시조문학상 상금으로 간행.
1995년	• 《1995 한국문학작품선》(한국문예진흥원), 작품 〈가을 산에서〉 수록.
1995년~1996년	• 진주문인협회 회장 역임.
	• 개천예술제 문학부 백일장 및 시낭송 행사 주관.
	• 개천예술제 운영위원 및 심사위원. 진주 로고송 작사 당선(상금 일백만 원).
1995년~2001년	• 한국수필가협회 이사 역임.
1996년	• 〈문학의 해 기념사업〉으로 유일하게 진주문협 주최·주관하여 〈진주시민 백일장〉을 개최하여 〈문학의 해 기념〉 문체부 장관 표창장을 받음.

1996년~1997년	• 경남문인협회 부회장 역임.
1996년~2001년	• 한국시조문학상 운영위원 및 심사위원 역임.
1997년	• 경상남도 문화상(문학부문) 수상.
1998년	• 한국시조시인협회 이사 역임.
1999년	• 제2수필집《차 한 잔의 명상》(문학관) 출간. 다도 대학원 재학 중 쓴 논문과 수필을 모아 간행. 한국다도대학원 수료(다도 부교수 자격 획득).
2000년	• 허난설헌문학상(시조부문 본상, 허씨종중) 제4시조집《풀꽃 은유》로 수상.
	• 〈시조동인 연대〉 단시조 짓기 동인지 참여. 매년 1회 현재 24집 발간.
2001년	• 제5시조집《녹두꽃 진 자리에》(문학과청년) 출간.
2001년~2003년	• 진주여성문학인회 창립회장 역임.
	• 진주문화원 여성차인회 회장 역임.
2002년~2003년	• 한국시조시인협회 부회장 역임.
2003년	• 법사원 불교대학(학장 목정배睦楨培 박사) 2년 과정 수석졸업(법사 자격).
2004년	• 제3시문집《화엄華嚴을 꿈꾸며》(불교대학 출판부) 출간. 조계사 법보시(불교대학에서 배운 기초 교리 논문과 시조 작품을 넣어서 편집한 책으로 전국에서 많은 법보시 요청을 받고 있음).
2004년	• 제6시조선집《세한도 속에는》(월간문학사) 출간.
	• 제6회 올해의 시조문학 작품상, 작품 〈맨드라미, 불 지르다〉로 수상.
2005년	• 제7시조집《연못에서 만난 바람》(고요아침) 출간.
2006년	• 진주시조시인협회 회장. 진주시조교실 운영, 초등교사를 지도하여 등단시킴.

	• 제1기 초·중·고 교원 시조창작실기 연수(7월 31일~8월 4일), 40명, 현대시조론 강의.
	• 제1기 어린이 시조교실 개최(8월 1일) 시조 짓기 지도.
	• 제2기 어린이 시조교실 개최(12월 26일).
2006년	• 제8시조집《망월동 백일홍》(태학사) 우리시대 현대시조 100인에 선정 출간.
	• 제10회 경남시조문학상, 작품〈쌀, 쌀, 쌀〉로 수상.
	• 한국여성문학인회·한국시조시인협회 이사.《경남일보》신춘문예 심사.
2007년	•〈시조의 날〉 101주년 기념 시화전 진주 성지에서 개최(7월 21일~27일)
	• 제2기 교원시조창작실기 연수 개최(7월 30일~8월 3일) 현대시조론 특강.
	• 제3기 어린이 시조교실 개최(7월 31일~8월 2일) 시조 짓기 지도.
	• 사단법인 세계시조사랑협회(이사장 조오현)〈제7회 세계시조사랑축제〉를 진주교육대학 대강당에서 주관 개최(10월 3일).
2008년	• 제3기 교원시조창작실기 연수(7월 28일~8월 1일) 현대시조론 강의.
	• 한국시조문학상 운영위원으로 참여.
	• 제9시조집《빗방울 변주》(토방) 출간.
2009년	• 제4기 교원시조창작실기 연수(7월 27일~7월 31일) 현대시조론 강의
	• 제10회 월하시조문학상, 작품〈경주 남산에 가면〉으로 수상.

2011년	• 시산문집《화엄을 꿈꾸며》재판再版하여 각 사찰에 법보시를 함.
	• 교원시조창작실기 연수(12월 26일~30일) 현대시조론 강의.
2012년~2020년	• 현재 한국시조시인협회 자문위원.
2013년	• 4월 6일, 시조문학의 진흥과 발전의 디딤돌이 되고자 전국 최초로 시조문학관을 개관했다. 한국의 전통가옥으로 시경루詩境樓는 현대시조를, 보문산방寶文山房은 경남지역 문학작품을, 수류화개水流花開에는 고시조를, 유미헌唯美軒 아래층은 세미나관이며 2층에는 삼녀〈김희혜 미술관〉이 되어 있다.
10월 30일	• 제10시조집《그 겨울, 얼음새꽃》(시조문학사) 출간.
	•《시조시학》겨울호 표지화 시인연구에 초대받음.
	• 국제펜클럽 한국본부 이사로 승격.
2014년	• 한국문학관협의회 가입, 시설 보완, 전국 각 시조 동인 모임 순례로 초대함.
	• 시조문학관을 한국시조문학관으로 개명하고 사단법인체로 경상남도에 등록하여 허가를 받음.
2015년	• 5월16일~26일까지 본 시조문학관에서 〈제1회 시조와 茶의 만남〉전국 시조시인 100여 명의 시화전을 성황리에 개최.
	•〈제1회 대한민국 초등학생 어린이시조 공모〉8월 1일~9월 30일까지 약 500여 명 참여. 10월 2일 심사, 10월 9일 한글날 시상식.
	• 12월 1일 기존〈시조문학관〉을〈한국시조문학관〉

2016년	으로 개명.
	• 1월 제11시조선집《물 위에 뜬 판화》(동학사) 출간.
	• 5월 12번째 단시조집《모국어》경남문화예술진흥원 지원으로 발간.
	• 〈제2회 시조, 남강을 노래하다〉 시화전을 경남문화예술진흥원 지원금으로 전국 시조시인 90여 명의 작품으로 성대히 개최.
	• 〈제2회 대한민국 초등학생 어린이시조 공모전〉을 7월 10일 발표. 8월 1일~9월 30일까지 약 500여 명 참여, 10월 1일 심사, 10월 9일 한글날 시상.
	• 8월 16일 제9회 한국예술상 수상, 작품 〈물 위에 뜬 판화〉로 받음.
2017년	• 2월 1일~3월 30일까지《경남일보》,《경일춘추》 논설문 9편 발표.
	• 5월 31일 제13번째 시집《구름 운필運筆》(고요아침, 운문정신) 출간.
	• 7월 20일 〈제3회 한국시조문학관 초·중·고등학생 시조공모전〉 요강 발표, 공모전 마감 9월 20일, 심사 후 10월 9일 한글날 시상식.
	• 10월 21일 〈제17회 고산문학대상〉을 전남 해남군청에서 수상. 작품집《구름 운필運筆》로 받음.
2018년	• 3월 31일 김희혜 미술관 및 세미나실 개관 기념식. 윤재근 교수를 초청하여 〈시조와 우리 문학〉 강의 개최.
	• 제112회 시조의 날 기념 〈제1회 초·중·고·대학 일반 시조 외워쓰기 대회〉 촉석루에서 성대히 개최, 시상을 함.

2019년	• 〈제4회 한국시조문학관 초·중·고학생 시조공모전〉 작품 접수. 10월 9일 한글날 한국시조문학관 세미나실에서 입상자 시상식.
• 〈제5회 한국시조문학관 전국 초·중·고학생 시조공모전〉 작품 접수. 10월 9일 한국시조문학관 세미나실에서 입상자 시상식.
• 10월 31일 제14번째 일어번역 시조집 《다반향초 茶半香初》 자신이 번역하여 경남문예진흥원 원로 문인 작품협찬금으로 발간.
• 미국에서 하버드대학교 명예 교수이신 데이비드 매캔 교수님 내외분과 한국시조협회 임원 외 유명시조시인들이 한국시조문학관에 오셔서 시조 다큐멘터리 〈황진이를 찾아서〉를 촬영. 여러 외국 영화제에 출품을 하여, 여러 곳에서 수상을 하였다고 함.
2020년	• 2월 5일 일본 동경에 있는 국제펜클럽 본부에 《다반향초》 50권 기증.
• 〈제6회 한국시조문학관 전국 초·중·고학생 시조공모전〉 작품 응모.
• 연중 상주작가와 협찬하여 한국문학관 사업을 시행함.
• 6월 30일 네 번째 산문집 《남강물 흐름 위에》(도서출판 경남) 발간.
• 10월 9일 한글날 〈제6회 전국학생시조공모전〉 시상식을 코로나로 인하여 생략하고 상장과 상금 우편으로 발송함.
• 11월 《월간 문학》 621호 〈이 시대 창작의 산실〉에

	〈나의 작품 어디까지 왔나〉 산문과 대표작 5편 발표.
2021년	• 6월 30일 제15시조집 《복사꽃 그늘 아래》(고요아침) 발간
	• 10월 9일 한글날 〈제7회 전국 초·중·고·대학 일반 시조공모전〉
	• 시상식은 코로나로 인하여 상장과 상금 우편으로 발송.
	• 12월 1일 한국문협 〈제58회 한국문학상〉, 작품집 《복사꽃 그늘 아래》로 수상.
	• 12월 7일 한국시조문학사 〈올해의 시조집상〉 등을 받음.
2022년	• 10월 3일 〈제8회 한국시조문학관 전국 초·중·고 학생시조백일장 시상식〉을 코로나로 인하여 상금과 상장 우편으로 우송.
2023년	• 4월 6일 한국시조문학관 개관 제10주년 기념식 개최.
	• 제16번역시조집 《달무리》 동경출판사에서 간행. 서문을 주신 하버드대학 데이비드 매캔 명예교수님과 미국 세종학회, 유명 대학에 5권씩 발송. 한국에 있는 세계 40여 국 대사관에도 발송.
	• 10월 9일 한글날에 제9회 한국시조문학관 전국 학생·일반 시조백일장 시상
2024년	• 6월 14일 문학관 앞 화강암 석재로 문패를 다시 세움.
	• 6월 15일 〈김석연 뉴욕대학 교수, 시매님 사망 10주기 추모식〉을 최은경 목사 외 여러분이 진주

	에 오셔서 추모식을 거행.
	• 9월 22일 〈작고문인 이경순 시인과 최재호 시조시인 조명〉 행사. 유가족도 참여하시고 강의는 강희근 교수님과 김성진 진주문협 회장께서 수고하심.
	• 제10회 〈전국 학생·일반 시조백일장〉 시상식. 상금 발송.
	• 한국시조문학관, 2024년도 전국 최우수 문학관상을 받음.
2025년	• 4월 22일 진주문인협회 총회(문학관 세미나실).
	• 제17시조집 《남강 물빛 속에는》(도서출판 경남) 발간.

현재

국제펜 한국본부 원로, 한국문협 홍보위원, 한국여성문학인회 자문위원, 현대불교문인협회 경남지부 고문, 한국시조협회 원로, 숙명여대문인회 회원, 단시조연대동인 대표, (사)한국시조문학관 관장.

시조집

1. 《소심素心》(1974) 새글사(월하 리태극 교수께서 출간해 주심).
2. 《산여울 물여울》(1980) 한국문학사.
3. 《빈 잔에 고인 앙금》(1986) 교음사.
4. 《풀꽃 은유》(1994) 동학사.
5. 《녹두꽃 진 자리에》(2001) 문학과청년.
6. 《세한도 속에는》(2004) 한국문협 출판부.

7. 《연못에서 만난 바람》(2005) 고요아침.
8. 《망월동 백일홍》(2006, 우리시대 현대시조선집) 태학사.
9. 《빗방울 변주》(2008) 토방.
10. 《그 겨울, 얼음새꽃》(2013) 시조문학사.
11. 《물 위에 뜬 판화》(2016) 동학사.
12. 《모국어》(2016, 단시조집, 경남문예진흥기금 수혜) 책만드는집.
13. 《구름 운필運筆》(2017) 고요아침.
14. 《다반향초茶半香草》(2019, 저자의 일어번역, 경남문예진흥기금 수혜) 고요아침.
15. 《복사꽃 그늘 아래》(2021) 고요아침.
16. 《달무리》(2023, 우형숙의 영어번역, 경남문예진흥기금 수혜) 동경출판사.
17. 《남강, 물빛 속에는》(2025, 진주예찬 시조선집) 도서출판 경남.

수필집

1. 《아픔으로 피는 꽃》(1990, 유럽 기행수필 포함) 교음사.
2. 《차 한 잔의 명상瞑想》(1999) 문학사.
3. 《화엄華嚴을 꿈꾸며》(2002 초판, 2011 재판) 불교대학 출판부.
4. 《남강물 흐름 위에》(2020) 도서출판 경남.

수상

한국시조문학상(1988), 성파시조문학상(1993), 문학의해 표창(문체부장관 1996), 경상남도문화상(문학부문 1997), 허난설헌 문학상(허씨종가, 시조부문 본상 2000), 올해의시조문학 작품상(2004), 경남시조문학상(2006), 월하月河시조문학상(2009), 경남예술인상(경남예총

2013), 한국예술상(한국예술진흥회 2016), 제17회 고산 윤선도문학 대상(해남군청, 파평윤씨종가 2017), 파성예술인상(진주예총 2018), 제58회 한국문학상(한국문협 2021), 올해의 시조집상(시조문학사 2021) 등 14회.

문학관   (52719) 진주시 진주대로713번길 17(주약동).
집 주소   (52722) 진주시 진주대로948번길 15(칠암동).
집 전화   (055) 752-3494
손전화   010-5926-3494

사진으로 보는
한국시조문학관

경남대표시인선·59

남강 물빛 속에는
김정희 진주예찬 시조선집

펴낸날	2025년 5월 29일
지은이	김 정 희
펴낸이	오 하 룡
펴낸곳	도서출판 경남
주소	창원시 마산합포구 몽고정길 2-1
연락처	(055)245-8818, fax.(055)223-4343
블로그	gnbook.tistory.com
이메일	gnbook@empas.com
등록	제1985-100001호(1985. 5. 6.)
편집팀	오태민	심경애	구도희
ISBN	979-11-6746-180-3-03810

ⓒ김정희

*잘못된 책은 바꿔 드립니다.
*저자와 협의 인지 생략합니다.

〔값 12,000원〕